W0203285

UN PAS PAR JOUR

Anne-Françoise Lebrun

UN PAS PAR JOUR

LE LIVRE-ORACLE POUR ÉCOUTER LES MURMURES DE TON INTUITION

POCHE

Préparation de copie : Françoise Mathay
Mise à jour éditoriale : Margaux Demichelis
Fabrication : Anne-Laure Soyez
Responsable partenariats : Dana Lichiardopol (dlichiardopol@hachette-livre.fr)

support@lelotusetlelephant.com

Dépôt légal : mars 2025
ISBN : 978-2-01-723366-4/01
61-4560-3

Couverture : © Iryna Pasichnyk ; ElenKoss ; Roman Kulinskiy / iStock

Achevé d'imprimé en Espagne en février 2025

Nous utilisons des papiers composés de fibres naturelles, renouvelables, recyclables et fabriqués à partir de bois issus de forêts adoptant un système d'aménagement durable. En outre, nous travaillons avec des fournisseurs de papier qui s'inscrivent dans une démarche de certification environnementale reconnue.

PAPIER À BASE DE FIBRES CERTIFIÉES

hachette s'engage pour l'environnement en réduisant l'empreinte carbone de ses livres. Celle de cet exemplaire est de :
150 g éq. CO_2
Rendez-vous sur www.hachette-durable.fr

© 2025, Le lotus et L'éléphant, un imprint d'Hachette Livre
58, rue Jean Bleuzen – 92178 Vanves Cedex

Un pas par jour
Un pas pour aimer la vie et pour s'aimer soi-même
Un cadeau de vous à vous et pour le monde
Une affirmation créatrice
Une affirmation qui éclaire comme une lumière
qui s'allume
Un conseil, une guidance
Une routine à créer
Un accompagnement bienveillant et joyeux
Une énergie à découvrir, à accueillir, à faire grandir

LA VIE, QUELLE AVENTURE, N'EST-CE PAS ?

Nous sommes tous·tes sur une magnifique planète et nous y vivons des expériences, des rencontres, des moments de joie et des succès, des phases de découragement et de tristesse. Nous apprenons, nous vacillons, nous retournons dans le passé, nous nous projetons dans le futur, nous nous ancrons dans le présent... Notre chemin change sans cesse, c'est une aventure en constante évolution. Nous sommes les explorateurs de l'existence et nous en découvrons les facettes tout en apprenant à nous connaître nous-mêmes un peu mieux chaque jour.

Parfois, lorsque les événements nous font souffrir, nous avons la sensation d'avancer dans le noir et nous cherchons alors un guide, un réconfort, une main tendue. À d'autres moments, heureux·ses et enthousiastes, nous avons hâte de pousser encore plus loin la découverte de notre réalité. Il peut arriver aussi que nous vivions dans nos habitudes, dans une routine qui n'est ni désagréable ni véritablement agréable.

Peu importe le moment, peu importe ce que nous expérimentons, peu importe sur quel chemin nous avançons, certains mots, qui s'adressent à notre cœur et à notre âme, nous éclairent et peuvent rendre notre vie plus belle. Ces mots sont comme la lumière d'un phare qui guide les bateaux dans la nuit ou comme des étincelles qui activent nos émotions et notre esprit, selon que l'on est dans une phase sombre ou claire de notre vie.

Si vous tenez ce livre entre vos mains – la manière dont il vous est parvenu n'est pas importante – c'est que ses messages vous sont destinés. Découvrez-le, lisez-le, ouvrez-vous aux messages et affirmations et laissez-les éveiller vos ressentis, vos émotions et vos idées. Ils seront lumière ou étincelle, ils vous toucheront d'une manière exceptionnelle.

Ce livre est très personnel, confidentiel. Ses messages auront une saveur unique pour vous, parce que vous êtes vous-même un être unique au parcours à nul autre pareil. Tissez des liens avec lui, appropriez-vous son contenu. Laissez infuser en vous l'essence des messages, comme on laisse infuser le thé dans l'eau chaude avant de la boire. Vous comprendrez les messages rapidement ou petit à petit, au fil des jours. Ils vous apporteront de la chaleur, de la joie ou du réconfort, de l'espoir, de la volonté ou encore l'envie de croquer la vie à pleines dents.

Les messages vous toucheront au-delà des mots. Ils atteindront et feront réagir votre esprit, votre cœur, votre corps, votre âme. Ils éveilleront aussi votre intuition. N'hésitez pas à poser des questions à votre intuition, à lui demander en quoi tel ou tel message vous concerne, comment vous pouvez le vivre ou le mettre en pratique, quel est le cadeau qu'il représente pour vous.

J'ai choisi de rédiger les phrases avec un sujet à la première personne du singulier. Une phrase avec un « je » a une puissance telle que l'on se sent très impliqué·e. Elle touche à notre identité profonde. Lire et dire une phrase comportant un sujet « je » engendre une transformation, une prise de conscience. Au départ, elle peut éveiller une réticence, vous pourriez vous dire : « Mais, c'est n'est pas vrai, je ne suis pas cela, je ne vis pas cela, ceci ne me concerne pas. » Si c'est votre ressenti, n'en restez pas là, lisez à nouveau la phrase, répétez-la plusieurs fois. Au fur et à mesure, ce qui vous semblait inexact au début, prendra du sens pour vous, s'imprimera en vous et fera partie de vous. Surtout, vous en récolterez les fruits.

Les mots sont puissants, ils peuvent vous construire, vous faire évoluer, vous soutenir, vous donner de nouvelles forces, de nouvelles ressources… Prenons un contre-exemple. Imaginons un enfant à qui l'on répète constamment, parce qu'il n'a pas de bons résultats à l'école : « Tu es bête. » À force de l'entendre, l'enfant le croira, il s'identifiera aux mots, se sentira « bête » et agira en fonction de cette croyance. Le plus beau cadeau que l'on puisse lui faire, c'est de lui apprendre à se parler à lui-même en lui répétant : « Tu es intelligent, tu es capable de réussir », jusqu'à ce qu'il l'affirme en utilisant le « je » et que cette nouvelle affirmation remplace l'ancienne croyance.

Les affirmations dans ce livre sont porteuses de petits miracles. Lorsque vous vous ouvrez à elles et que vous les adoptez, votre vie changera de vibration. Vous accueillerez une nouvelle perspective et un plus grand amour de vous et de la vie. Vous rayonnerez différemment, vous apprécierez encore plus votre existence et vous ferez face aux obstacles avec détermination et foi en vous. Votre créativité se développera et vous servira, non seulement à vous détendre, mais aussi à trouver des solutions, de nouvelles idées, de nouvelles manières de communiquer.

Tous mes souhaits de joie vous accompagnent.

PETIT MODE D'EMPLOI POUR BIEN UTILISER CE LIVRE

Chaque phrase est un pas, c'est un mot d'amour qui vous est adressé. C'est une guidance, une lumière. Lisez-la en demandant à votre cœur de vous faire comprendre ou ressentir le message personnel que vous recevez. Soyez certain·e que le message que vous avez sous les yeux est celui dont vous avez besoin au moment présent. Gardez-le en tête et mettez-le en pratique. Soyez attentif·ve aux signes et aux intuitions qui se présenteront à vous. Vous êtes guidé·e, accompagné·e.

Vous pouvez vous servir de ce livre de plusieurs façons et varier vos tirages selon le jour, le moment, votre humeur. Il n'y a pas de « bonne » ou de « mauvaise » méthode, vous seul·e jugez de ce qui vous convient et de ce que vous préférez. Je vous présente ci-dessous **différentes possibilités de tirage**. Si vous trouvez une autre qui vous plaît, n'hésitez pas, faites-vous confiance.

- **Vous pouvez effectuer un tirage flash,** lorsque vous êtes pressé·e, le matin au réveil ou avant un rendez-vous, par exemple. Prenez le livre et ouvrez-le à une page au hasard, sans réfléchir. Les yeux fermés, posez votre doigt sur une phrase.
- **Quand vous avez du temps pour vous ou le soir avant d'aller dormir,** installez-vous

confortablement avec le livre, respirez profondément et lentement plusieurs fois pour détendre votre corps et apaiser votre esprit. Ouvrez le livre au hasard et, les yeux fermés, posez votre doigt sur une phrase. Lisez-la à plusieurs reprises sans vous presser, pour en percevoir le sens. Que signifie-t-elle pour vous et pour votre vie ? Laissez venir vos intuitions et les images, souvenirs, idées. Imprégnez-vous de la phrase. Si vous le souhaitez, faites une courte méditation avant de retourner à vos occupations ou de vous coucher.

- **Si vous aimez les rituels**, je vous propose d'en créer un pour vos tirages avec ce livre. Prévoyez de quoi activer vos cinq sens et vous sentir parfaitement bien et détendu·e dans votre bulle. Choisissez, par exemple, une musique douce, le chant de bols sonores ou d'un tambour chamanique. Fermez les rideaux et allumez des bougies. Brûlez de l'encens ou parfumez la pièce avec une huile essentielle. Préparez une tasse de thé que vous siroterez durant le tirage. Couvrez vos jambes d'un plaid douillet. Comme pour le tirage précédent, prenez votre temps, inspirez et expirez plusieurs fois lentement, ouvrez le livre les yeux fermés et posez le doigt sur une phrase, puis lisez-la et laissez-la faire son chemin en vous.
- **Vous pouvez lire une phrase chaque jour, dans l'ordre,** le matin, le soir, quand vous en ressentez le besoin ou l'envie. La phrase 1 le 1er janvier – ou le 7 juillet si c'est ce jour-là que vous ouvrez le livre pour la première fois – et ainsi de suite.

- **Les phrases étant numérotées, vous pouvez tirer un numéro au hasard.** Inscrivez les numéros de 1 à 365 sur un papier cartonné et découpez chaque numéro afin d'obtenir 365 petits cartons. Mettez-les dans un sac ou une boîte, mélangez bien, fermez les yeux, plongez-y votre main et sortez-en un des petits cartons. Remettez le numéro tiré de nouveau dans le sac ou la boîte : s'il ressort lors d'un (ou plusieurs) autre(s) tirage(s), c'est un signe de l'Univers qui vous invite à y réfléchir plus en profondeur.
- ***Via* un petit message, contactez un·e proche pour qu'il·elle vous donne un numéro entre 1 et 365.** Profitez de l'occasion pour prendre de ses nouvelles et partager éventuellement la phrase avec lui·elle.

Quelques guidances spéciales

Dans ce livre, vous découvrirez plusieurs sortes de phrases. J'ai en effet disséminé un peu partout **des guidances spéciales. Elles sont reconnaissables à la police d'écriture, à la taille de la police, et à un ⋆.** Ces guidances spéciales se présentent elles-mêmes sous différentes formes, les voici :

- **Basées sur l'alphabet :** ce sont de courtes et puissantes affirmations à répéter plusieurs fois lentement et en pleine conscience pour laisser entrer en vous la puissance des mots. Ensuite, recopiez l'affirmation et emportez-la avec vous pour la lire ou répéter oralement tout au long de la journée.

Si vous en avez envie, vous pouvez aussi trouver un autre mot qui commence par la même lettre et créer une nouvelle affirmation. Par exemple, S comme simplicité, santé, silence. Dans ce cas, notez cette affirmation dans votre carnet destiné à vos réflexions, réactions et interprétations (voir plus loin, le passage intitulé « Pour prolonger l'effet de la lecture »).

- **Basées sur les éléments astrologiques occidentaux et chinois :** lorsque vous tirez une de ces phrases, prenez le temps de visualiser l'élément comme vous le concevez, d'en sentir les caractéristiques, la puissance et l'énergie.
- **Basées sur le jour et la nuit :** visualisez les différents aspects du jour ou de la nuit avant de lire la phrase. Voyez, entendez, sentez, touchez, ressentez. Soyez pleinement dans les vibrations correspondant au jour ou à la nuit.
- **Associées au Yin et au Yang :** soyez attentif·ve à vos ressentis et aux intuitions lorsque vous lisez ces phrases. Voyez ou cela vous mène, si cela réclame une action particulière de votre part. Si c'est le cas, accomplissez cette action dès que possible. L'équilibre des énergies yin et yang est nécessaire pour se sentir en harmonie et en bonne santé. Elles sont toutes deux nécessaires pour vivre une vie épanouie.
- **Adressées à une partie de votre être :** votre corps, votre cœur, votre esprit et votre âme. Avant de lire la phrase, connectez-vous à cette partie de vous et remerciez-la de collaborer avec vous pour votre bien-être et votre bonheur.

- **Associées à une couleur :** avant et pendant la lecture de la phrase, imaginez-vous dans un endroit où la couleur indiquée est dominante, ressentez-en les vibrations, imaginez que vous inspirez de l'air de cette couleur et que cela vous fait du bien.

POUR PROLONGER L'EFFET DE LA LECTURE

Je vous conseille de choisir un joli carnet qui vous accompagnera toute l'année, pour y noter les ressentis, idées et émotions que les phrases éveilleront en vous. Vous pourrez aussi y inscrire vos intuitions et les signes que vous recevrez. Les avantages seront nombreux :

- vous prendrez du recul ;
- vous aurez une trace de vos prises de conscience et vous pourrez y revenir lorsque vous le voudrez ;
- vous vous déchargerez de vos émotions ;
- vous serez plus conscient·e de ce qui se passe en vous et dans votre vie ;
- vous vous rendrez compte des signes que vous recevez, de vos intuitions, des opportunités qui se présentent ;
- vous pourrez vous féliciter de ce que vous faites pour vous et de ce que vous construisez ;
- … à vous d'en trouver d'autres…

Vous pouvez aussi dédier une page de votre carnet aux mots de l'alphabet que vous choisirez et aux affirmations correspondantes, voire celles que vous créerez vous-même à partir d'un autre mot commençant par la même lettre.

Enfin, je vous propose de dessiner **un tableau de trois colonnes sur une page spéciale**. Il servira à établir un lien entre les messages et vos émotions. Le but est de vous familiariser encore plus avec vos émotions, de les comprendre et de mieux vous connaître, de prendre du recul vis-à-vis d'elles et de vous donner la liberté d'en faire ce que vous voulez.

Dans ce tableau, dans la colonne de gauche, notez le numéro du message ; dans la colonne centrale, l'émotion correspondante et, dans la colonne de droite, résumez en quelques mots votre vécu le jour de la lecture de ce message. Vous en apprendrez plus à votre sujet au fil des jours.

En outre, lorsque vous tirerez de nouveau le même message, vous pourrez comparer vos émotions en fonction de votre vécu des deux jours.

Je vous propose à présent de faire votre premier pas.

1. Je suis fier·ère de moi, de ce que j'ai accompli, de ma volonté et de ma persévérance. Je suis fier·ère de ma résilience, de mon courage et de la touche d'amour personnelle que je donne au monde.

2. Je regarde avec bienveillance et émerveillement le chemin parcouru, les obstacles franchis. Je ressens ma force intérieure et je me sens bien.

3. Je respecte l'énergie de ceux·celles que je croise. Je n'essaie pas de les changer, ils·elles sont libres comme moi. Ils·Elles font leurs choix tout comme je fais les miens. Je m'entoure de ceux·celles avec lesquel·les je me sens à l'aise.

4. **★I comme Imagination – Mon imagination est fertile. Je suis un·e créateur·rice.**

5. Rire me détend. Je trouve de multiples occasions de rire et j'en ressens beaucoup de bien-être. Le rire est aussi un moyen pour moi de partager de bons moments avec d'autres et je l'inclus lorsque je communique.

6. **⋆Feu – Le feu de l'amour brûle en moi, me réchauffe, me porte et me guide. J'en partage la lumière et la chaleur avec mon entourage.**

7. Je retire la pression que je me mets. Je n'ai rien à prouver à personne. Le seul point de comparaison, lorsque je réalise quelque chose, est celui·celle que j'étais juste avant d'agir. Je suis ma propre boussole, mon propre repère.

8. Je mange en pleine conscience. Je mâche et avale chaque bouchée lentement, en sachant que je nourris mon corps et que chaque aliment m'apporte ce dont j'ai besoin. Je sens lorsque mon corps a reçu le nécessaire et je remercie pour la nourriture qui est à ma disposition.

9. Je crois en moi, en mes talents, en mes forces et en mes ressources. Je reconnais ma valeur et je m'épanouis au fur et à mesure que je vis de nouvelles expériences.

10. Je suis un·e artiste. Que ce soit lorsque je peins, chante, danse, écris, cuisine, communique, aime… Je crée, et ma touche personnelle donne toutes ses couleurs à ma vie.

11. ★**A comme Amour – Je m'aime. Je m'aime tel·le que je suis, entièrement, sans condition.**

12. Les grands objectifs sont impressionnants. Pour y faire face, je planifie une chose à la fois, j'avance pas à pas, le regard fixé sur mon but. Scinder mon avancée en petites étapes me permet de tout accomplir sans stress ni découragement.

13. Je scanne mon corps et je repère les endroits de contracture et de tension. Je sens les zones douloureuses, l'état de ma peau, le besoin de repos. Je prends du temps pour moi et je dénoue les tensions. Je me repose et récupère ma vitalité.

14. Ma vie est une mélodie, unique, inimitable. Ma façon d'exister, de communiquer, d'aimer, de travailler… est à nulle autre pareille. Je joue ma propre mélodie avec joie.

15. Je me sens libre, follement et passionnément libre, comme un cheval sauvage qui galope au gré du vent. Je franchis les barrières et saute les obstacles. Je m'enivre du bonheur de me sentir libre.

16. Je me ressource en fréquentant les arbres, les fleurs, le ciel et la terre. Ils m'apportent l'ancrage, la vitalité, la libération et la force dont j'ai besoin. Je me sens en communion avec la nature et je provoque ces moments de bien-être.

17. ***Blanc – Je me sens léger·ère, purifié·e, dynamisé·e. J'ai déposé les bagages qui m'encombraient, j'ai lâché prise et laissé derrière moi tout ce qui m'entravait. Je voyage dans la vie avec joie.**

18. Je prends de quoi écrire et je laisse glisser ma plume sur les pages. Je raconte ce que je vis, mes émotions, mes pensées. Je laisse venir mes questions. Écrire est à la fois libérateur, ressourçant et éclairant.

19. ***M comme Merci – Merci pour cette vie passionnante et pour les cadeaux de chaque jour.**

20. J'ai en moi des histoires à raconter. Je les mets par écrit ou je les confie à un auditoire, ma famille, mes enfants, mes amis. Par mes histoires, je transmets des émotions et des idées qui touchent et font rêver.

21. Sans hésitation, avec fermeté et confiance en moi, j'affirme ce en quoi je crois, ce qui me semble juste. Je m'affirme, j'ose être moi, j'ai l'audace d'être moi. Je m'ancre dans le sol et j'exprime qui je suis. Simplement.

22. Je visualise ce dont je rêve ou ce qui me fait du bien. Par le pouvoir de mon esprit, je me plonge dans une autre réalité et, ce faisant, je lui ouvre la porte pour qu'elle se manifeste dans ma vie.

23. ⋆**Eau – Ma vie s'écoule fluidement comme une rivière lorsque je ne lui oppose aucune résistance. Je me laisse porter par le courant, par mes intuitions, par les signes et les nombreuses opportunités qui se présentent. Je suis guidé·e.**

24. Je cuisine et cela sent bon. Je sélectionne les mets et les épices, je découpe, épluche, mélange avec plaisir. Je mets tout mon amour dans chaque étape. Cela se transmettra dans chaque bouchée.

25. Je me pardonne mes erreurs, mes faux pas, tout ce que j'ai effectué ou dit de la mauvaise manière. Je reconnais mes erreurs et, en même temps, je ne garde pas le poids de la faute. Je ferai mieux désormais, j'agirai et parlerai différemment. Je me pardonne et me permets ainsi de faire de ces événements des expériences fondatrices.

26. Je lâche prise. J'ouvre les mains et le cœur pour laisser partir ce qu'ils retenaient et ce qui ne me convient plus. Tout en relâchant ce à quoi je m'accrochais, j'oriente mon esprit et mon cœur vers la libération que cela provoque en moi. Je me sens bien.

27. Je fais un cadeau immatériel à une personne qui m'est chère. Je choisis ce qui lui fera plaisir : un moment passé ensemble, un câlin, un sourire, une promenade… Je m'intéresse à elle et nous partageons un moment de qualité.

28. Quoi qu'il se soit passé, je pardonne. Je ne garde pas de colère et de rancœur, cela me ferait du mal. Je me libère des émotions négatives en pardonnant.

29. Je prends du plaisir à ce que je fais. Que ce soit une activité qui me passionne ou un acte simple du quotidien, j'y trouve de la joie. Je ressens le bonheur d'utiliser mes mains, de bouger, de réaliser quelque chose. Je mets mes sens en éveil pour profiter de cet instant.

30. Je choisis un objectif. J'ai besoin de me sentir avancer, d'atteindre un but, de construire. Je choisis un objectif qui m'enthousiasme et qui me pousse à me dépasser.

31. ⋆**L comme Lumière – Ma lumière est un repère dans la nuit d'un être qui cherche son chemin.**

32. Je suis discipliné·e et déterminé·e. Je mets mon énergie dans mon activité parce qu'elle compte pour moi et que je veux atteindre mes objectifs. Je sais que j'en suis capable et je m'en donne les moyens. Je fais un pas après l'autre sans dévier de ma route, avec persévérance.

33. Je vais vers les autres, je prends l'initiative des contacts. Je dépasse mes appréhensions et ma timidité et j'engage la conversation. J'invite une personne à passer du temps avec moi. Je crée des liens. Je partage des idées, des émotions, de la joie. Je découvre les autres, je me laisse découvrir et je me découvre au fil des contacts.

34. Je fais le ménage à l'intérieur de moi. Je balaie les idées négatives, les croyances qui me freinent et me desservent, les préjugés et les opinions qui enferment ma vision du monde dans un carcan.

35. Je ne me préoccupe pas de savoir comment va se matérialiser mon rêve. Mon rôle est de me concentrer sur mon « pourquoi », la raison pour laquelle je veux plus que tout vivre ce rêve, et d'en ressentir l'énergie.

36. Je découvre au moins une chose que je peux faire pour rendre ma vie plus facile ou pour être gentil·le avec moi. Je la mets en pratique tout de suite.

37. L'Univers me donne l'occasion de soigner mes blessures en me faisant vivre le même scénario jusqu'à ce que je sois guéri·e. C'est un cadeau pour que je sois libéré·e.

38. Je retrouve la douceur et la tendresse des petites attentions. J'accomplis ces gestes si simples qui font chaud au cœur. J'agis et je parle avec mon cœur.

39. L'Univers me donne ce que je pense mériter. Je m'ouvre à la possibilité que je mérite plus que ce que je ne croyais jusqu'ici. J'améliore l'estime que j'ai de moi pour vivre une vie qui me comble de bonheur.

40. ***Jour – Je m'expose au grand jour. Je suis heureux·se et fier·ère de montrer mes talents et de les partager.**

41. J'écoute de la musique. Lente, vive, classique, country, rock… j'écoute la musique qui me met en forme et qui met mon moral au beau fixe.

42. Je m'enrichis des différences des personnes que je côtoie. Nous avons tous·tes notre personnalité et nos trésors et, lorsque nous les partageons, chacun·e grandit.

43. Je médite. Assis·e ou debout, immobile ou en marchant, seul·e ou guidé·e, je laisse passer mes pensées sans les retenir, je fais le calme en moi. J'atteins un état de paix qui aura un impact sur mon corps et sur ma vie.

44. La beauté du monde est dans mon regard. La richesse de la vie est dans mon cœur. C'est ma perception qui rend la vie et le monde merveilleux.

45. J'envoie mes demandes à l'Univers, je sais qu'elles seront entendues et que tout s'organisera au mieux pour moi. Je m'attends au meilleur.

46. Je choisis les vibrations que j'émets. Elles me reviendront. Je vibre la joie, le bien-être, la confiance, la liberté... tout ce qui fait partie de mon bonheur.

47. Je refais connaissance avec moi-même, je me regarde et m'émerveille de celui·celle que je suis. Je pense à mon parcours et je ressens de la gratitude et de la fierté pour celui·celle que j'ai été depuis mon enfance.

48. **★S comme Sourire – Je souris parce que cela me rend heureux·se et mon bonheur fait sourire à son tour.**

49. Je me donne rendez-vous. Je choisis un bel endroit chaleureux et je partage du temps avec moi, je me donne en cadeau mon temps, mon amour et mon attention.

50. Je choisis l'histoire que je me raconte à propos de ma vie, à propos de qui je suis et de ce que je fais. Cette histoire influence ce que je vis, elle crée ma réalité.

51. Je prends le temps de ralentir. Je laisse le monde courir autour de moi. Mon rythme lent me permet de m'écouter, de ressentir, de prendre du recul. Je me sens paisible.

52. Je dis des milliers de mercis, pour tout ce que je vis, vois, entends, ressens, reçois, découvre, apprends… La gratitude fait partie de ma vie et remplit mon cœur d'amour. Plus je vois des raisons de remercier, plus j'en trouve des nouvelles.

53. Je réclame ce qui m'est dû. Je privilégie l'équité. Les décisions prises à mon sujet doivent être justes pour moi et pour les autres.

54. Tout ce qui se passe autour de moi ne demande pas que j'y réagisse. Je prends le temps de réfléchir et de savoir ce qui est le mieux pour moi. Je choisis alors de réagir, d'observer ou de ne pas m'en occuper.

55. Je vis en accord avec mes valeurs. Je les connais, je les choisis. Elles sont mes guides.

56. J'apprends à passer des moments seul·e. Je me ressource dans la solitude, je me reconnecte à qui je suis et à ce que je souhaite. Je reprends des forces, je m'allège, je me détends. Tout mon être savoure ces moments de solitude.

57. Le monde est ma scène et j'y joue le rôle de ma vie en pleine lumière. Mon rôle dans le monde est important. L'amour que je partage est important pour l'humanité.

58. ⋆ **Gris – J'ajoute mes couleurs dans la vie, j'ajoute mon humour, ma répartie, ma créativité, mon rire, ma joie, mes confidences et mes affirmations. Le gris de la vie devient un magnifique vitrail multicolore.**

59. Je sens l'amour dans mon cœur et autour de moi, je me laisse porter par l'amour. C'est comme une musique, comme un parfum. L'amour est la rivière dans laquelle je me baigne et qui m'emporte.

60. Je me branche sur la fréquence de la joie. Quoi que je fasse, c'est la joie que je choisis comme énergie.

61. J'apprends l'amour inconditionnel. Les conditions que je mets lorsque j'aime sont des barrières qui m'empêchent de vivre le véritable amour.

62. ***R comme Repos – J'écoute le besoin de sommeil et de récupération de mon corps et de mon esprit.**

63. Je suis moi, quoi qu'il arrive. Je ne joue pas de rôle et je n'essaie pas de ressembler à quelqu'un d'autre. Les personnes auxquelles je ne plais pas ne sont pas censées être auprès de moi et celles qui m'entourent m'aiment comme je suis.

64. Je réfléchis avant d'agir et je prends le temps de choisir mon énergie avant d'entrer en communication. Je crée de cette manière des contacts positifs et enrichissants et j'accomplis des actes en cohérence avec moi-même.

65. J'avance avec assurance et sérénité. Je suis aimant·e, généreux·se et chaleureux·se. Je rayonne de l'intérieur. Mon énergie positive est contagieuse.

66. Je ne prends pas les critiques personnellement, je sais qu'elles parlent de la personne qui les émet. Je les entends et m'en sers comme conseils si elles me semblent justes. Dans le cas contraire, je n'en tiens pas compte.

67. Je vois au-delà de l'apparence et je repère les relations toxiques et néfastes. Je décèle les mensonges et les mauvaises intentions. Je vois clair et je peux ainsi prendre les bonnes décisions pour moi.

68. Je défends les causes qui me tiennent à cœur et qui me paraissent justes. J'affirme mes choix et mes positions avec fermeté.

69. ***Yang – J'ai besoin d'activité, de mouvement. Mon énergie me pousse à bouger et à m'exprimer. Je provoque la communication et je pratique avec bonheur une ou plusieurs activités dans lesquelles je me défoule et m'épanouis.**

70. Je fais preuve de bonté, de compréhension et de compassion. J'offre mon aide à ceux·celles qui pourraient en avoir besoin. Je suis un refuge aimant pour mes proches, je les protège.

71. Je choisis des habitudes qui entretiennent mon équilibre personnel. Je me défais de celles qui ne sont pas bonnes pour moi et je les remplace par des nouvelles.

72. J'aligne mes paroles et mes gestes avec qui je suis et ce que je pense et ressens. Je suis entier·ère, je suis cohérent·e, je suis juste avec moi.

73. ⋆W comme Waouh – Le monde est merveilleux, je suis ébloui·e, émerveillé·e.

74. Au-delà de l'apparence et des mots, je perçois l'énergie des autres. J'écoute avec mon cœur et mes ressentis. Je crée des relations plus vraies et profondes.

75. ⋆Corps – Mon cher corps, tu es mon véhicule le plus précieux. Je te remercie pour tout ce que tu me permets de vivre et d'accomplir. Je prends soin de toi avec amour et respect.

76. Je me mets en beauté parce que cela me donne le sourire. Je choisis des vêtements qui me plaisent, un parfum et des accessoires avec lesquels je me sens conquérant·e.

77. J'écoute les messages de mon corps et je comble ses besoins. S'il m'envoie un message de fatigue, de tristesse ou de douleur, j'en prends soin, je l'apaise, je le réconforte et le guéris. S'il a envie de bouger et de se dépenser, je me mets en mouvement.

78. Je reconnais quand je n'ai pas les ressources pour accomplir une tâche, comprendre quelque chose ou atteindre un but. Je demande de l'aide avec humilité et gratitude.

79. Je m'aime et je m'approuve. Je suis mon·ma meilleur·e supporteur·rice. Je m'encourage et me félicite. Je me donne de la force et de la confiance.

80. J'aime mon corps. J'aime ma peau avec ses imperfections, mon apparence, ma taille, mes formes, mes organes et mes cellules. J'aime mon corps qui me permet de vivre une infinité d'expériences.

81. J'ajoute ma touche de joie dans le monde. À ma façon, avec ma personnalité, je crée des moments heureux, je fais sourire et rire, je réchauffe les cœurs, je partage ma bonne humeur et je laisse dans mon sillage un délicieux parfum de bonheur.

82. Je range un tiroir, juste un tout petit tiroir. Je le vide de son contenu et fais du tri. Cela me détend et génère en moi la sensation bienfaisante que ma vie s'organise.

83. Je me donne de l'amour comme j'aime en recevoir. Je n'attends pas que quelqu'un comprenne ce qui me ferait plaisir, je me donne ce qui me comble d'amour.

84. **★V comme Vérité – Je suis authentique, je suis vrai·e. Je parle en « je », j'ose être moi. Je prends ma place et je m'y sens bien.**

85. Je découvre le langage de l'amour de mes proches. J'observe et écoute pour savoir comment ils se sentent aimés : en recevant un cadeau ou en étant aidés, en passant du temps de qualité ensemble, par des gestes tendres ou des paroles valorisantes.

86. Je fais un geste pour la planète. Si petit soit-il, un acte pour préserver la planète compte. Je réfléchis à ce qui est à ma portée et j'agis.

87. Je profite de la lumière du jour. Je me baigne de la lumière du soleil levant et couchant, je lève le visage vers le ciel. Cela me donne de l'énergie et favorise les pensées positives et une bonne santé.

88. Je me souviens, avant de m'endormir, de tous les sourires que j'ai reçus, des regards bienveillants que j'ai croisés et des instants de bonheur que j'ai partagés.

89. Je profite des bons moments quand ils se produisent. Je les attrape au vol et je m'y installe avec plaisir. Je leur donne la priorité.

90. Je stimule mes neurones. J'apprends quelque chose de nouveau chaque jour. Un mot, le nom d'un oiseau, une recette de cuisine, un mouvement de danse, une anecdote historique… j'enrichis mes connaissances.

91. J'ajoute de l'amour à mes mots lorsque je parle à quelqu'un, à un animal, à une plante ou à moi-même. Cet amour a un effet sur les cellules, il les soigne et favorise leur bon fonctionnement.

92. J'accepte les délais, les dérangements et les retards ; je m'y adapte. Je réajuste mon planning tout en essayant d'anticiper les prochains obstacles que j'ai désormais identifiés.

93. Je prends soin de mes pieds. Ils me permettent d'avancer et de me sentir en équilibre. Je les fais masser ou je les baigne dans de l'eau agrémentée de sels et d'huiles essentielles. Je suis conscient·e de prendre symboliquement soin de mes racines.

94. Je m'autorise des petites folies, rien que pour moi. J'ai le droit de me faire plaisir, je le mérite. J'agis dans la joie et en pleine conscience pour savourer le moment.

95. ***E comme Émotion – Je respecte mes émotions. Mes émotions sont mes guides.**

96. Je dis bonjour à toutes les personnes que je croise, sans exception. Même si l'on ne me répond pas, je continue de saluer. Mon bonjour sera peut-être un signe positif pour quelqu'un ou réchauffera le cœur d'une personne qui se sent seule ou triste.

97. Tout ce que je fais ne doit pas être rentable, ne doit pas avoir une bonne raison d'être réalisé. Je m'octroie des moments où je fais des choses sans importance, simplement pour le plaisir.

98. Je fais la liste de tout ce que je vois par la fenêtre, jusqu'aux plus petits détails. Je constate que mon univers est plus riche que je ne le pensais. À partir de ce moment, je verrai le monde autrement lorsque je sortirai de chez moi.

99. Je vends, j'échange ou je donne ce dont je n'ai plus besoin. Je participe à la circulation des objets qui peuvent être utiles à d'autres, recyclés ou transformés. Je ressens ce flux qui circule dans ma vie.

100. Je nettoie mon regard comme on frotte ses lunettes. J'enlève les voiles de mes pensées et émotions. Je regarde ma réalité telle qu'elle est, je suis en communion avec elle et je me détends.

101. **⋆D comme Don – Je partage mes talents. Je me mets au service des autres.**

102. Je me mets dans la peau de quelqu'un que j'admire. J'imagine comment cette personne résoudrait mes problèmes et quelles décisions elle prendrait. Mon horizon s'ouvre et je découvre de nouveaux outils.

103. Je me sens bien chez moi parce que tout ce qui m'entoure est en cohérence avec qui je suis, avec mon mode de vie et mes besoins. Je me sens plein·e de vie et à ma place.

104. Aujourd'hui, je ne me procure rien de neuf, je profite de ce que je possède, je retrouve le plaisir d'utiliser ce que j'ai dans ma vie. Je dépoussière l'énergie qui recouvre ces objets et je les fais revivre.

105. Je coupe un lien nocif. Que ce soit avec un·e proche, avec une habitude, avec une croyance, une pensée, un lieu ou un objet, je romps ce qui nous unit parce que ce n'est plus bon pour moi. Je me libère.

106. ⋆**Rouge – J'attire l'abondance, la prospérité et la vitalité. Je suis un aimant au pouvoir immense. J'ai une confiance inébranlable. Je choisis de porter un vêtement rouge pour la vibration de cette couleur. Elle me remplit de force, de joie et de vitalité. Je me sens conquérant·e et ceux qui me croisent ressentent cette énergie.**

107. Je n'ai pas honte de mes cicatrices, qu'elles viennent de blessures physiques ou de blessures du cœur. Je les aime parce qu'elles font partie de moi, elles témoignent de mon aventure sur Terre.

108. Je développe mon sens du toucher et je remarque combien il est utile. Je découvre les endroits chauds et froids de mon lieu de vie, les matières douces et rugueuses… Je me rends compte que mon sens du toucher contribue à mon bien-être.

109. Je n'ai pas que deux possibilités lorsque je dois faire un choix. Ce n'est pas seulement A ou B, blanc ou noir. Plusieurs autres chemins sont possibles. Je les cherche et je trouve celui qui me convient le mieux.

110. J'expire la fatigue, la tristesse et les émotions sombres et j'inspire la confiance, la joie, la liberté et toutes les émotions qui me font du bien.

111. Je prends l'habitude de ressentir de la gratitude pour ce que je souhaite avant même de le recevoir.

112. ***K comme Kiffer – Je suis amoureux·se de ma vie.**

113. Je vois combien nous sommes tous·tes uniques et semblables. Je refuse la comparaison, j'opte pour l'émerveillement de voir les richesses de tous les êtres vivants s'additionner et se multiplier au contact les unes des autres.

114. Chaque fin est un nouveau départ. Lorsqu'un chemin s'arrête, un autre commence. Il existe toujours un nouveau chemin à suivre. La seule chose à faire est d'enlever mon attention de celui qui vient de s'arrêter.

115. Je fais le point sur ma vie. Qu'ai-je envie d'accomplir durant les six prochains mois ? Qu'ai-je envie de créer ? Qu'ai-je envie d'expérimenter ?

116. Je ne suis plus qui j'étais. Je m'exprime tel·le que je suis maintenant. Je suis moi, au présent et je fais pleinement l'expérience de qui je suis.

117. Je dis ma vérité sereinement, en choisissant mes mots et le ton de ma voix. J'exprime mon point de vue fermement et paisiblement.

118. Je choisis si je dois pousser les choses et insister ou lâcher prise pour l'instant et m'occuper d'autres tâches. Je détermine si le moment requiert l'action ou le repli.

119. Je m'occupe des tâches et projets commencés. Je rejette au loin la procrastination et j'avance vers mes objectifs. Je fais preuve de volonté et tout se met en place fluidement. Lorsque je veux quelque chose, le moyen de l'obtenir se présente. Ma volonté est une clé.

120. J'identifie ce qui me stresse et pompe mon énergie. Je le sens dans mon corps, je le constate dans mes pensées. Alors je m'en écarte, je l'enlève de ma vie. Je me protège.

121. Je ne remets pas à plus tard ce que j'ai envie de faire depuis longtemps. Je m'y mets dès aujourd'hui ou j'organise tout pour que je puisse le faire bientôt.

122. J'excelle en tant qu'être vivant. Je grandis, j'apprends, je me dépasse. Je suis merveilleux·se. Vraiment.

123. Je reçois ce à quoi je m'attends. Si je m'attends à être aimé·e, je le serai. Si je m'attends à être rejeté·e, tout se mettra en place pour que je puisse expérimenter le rejet. Alors... à quoi veux-je m'attendre ?

124. J'ai des cadeaux à distribuer. Des cadeaux qui n'appartiennent qu'à moi. Ils sont immatériels, innombrables et magnifiques. Je les distribue.

125. J'ai en moi un pouvoir qui me permet de rétablir le bien-être dans mon corps. En me focalisant sur le fait de me sentir bien, mon corps réagit et collabore. Il puise dans mes ressources de quoi retrouver l'équilibre.

126. *__Nuit – Je choisis le moment et la manière de parler de mes secrets.__*

127. Que vais-je faire d'extraordinaire aujourd'hui ? Dès que j'ai la réponse, j'agis. Je vis une vie intentionnelle et mon intention est qu'elle soit passionnante.

128. C'est ma résistance à ce que je vis qui me cause de la souffrance. Lorsque je l'accepte et que j'envisage comment je peux y réagir, la souffrance fait place à l'apaisement.

129. Ce qui m'empêche de profiter de l'instant présent est dans mon esprit. Ce sont toutes mes pensées qui voyagent en tous sens. En ne m'attachant plus à mes pensées, je reviens à la douceur du moment que je suis en train de vivre.

130. Je n'ai pas à être « plus » ceci ou « moins » cela. J'ai juste à aimer qui je suis et à m'épanouir. On ne retire ni n'ajoute de pétales à une fleur pour qu'elle soit digne de vivre.

131. Certains changements semblent négatifs, mais je comprends qu'ils doivent avoir lieu pour que quelque chose de nouveau émerge et pour que ce que je souhaite puisse prendre sa place.

132. Je me défais des addictions et attachements négatifs en orientant mon énergie vers ce que je veux vivre réellement et ce qui est bon pour moi. Ces influences néfastes disparaîtront alors d'elles-mêmes.

133. Je peux choisir et modifier ma réalité future à chaque instant. Rien n'est figé. Je peux tout réajuster et faire évoluer.

134. Quand je laisse briller ma lumière ou que j'ose déployer mes talents, je montre le chemin à ceux·celles qui jusqu'ici n'osaient pas le faire.

135. ⋆**Q comme Quête – Je poursuis mes rêves pour le plaisir, je suis déjà heureux·se et je veux encore plus de raisons de l'être.**

136. Je change un petit détail dans ma vie et, du coup, tout change. C'est comme lorsqu'un train change de rails : il voyage dans un nouveau paysage, transporte d'autres passagers, s'arrête à des gares encore inconnues.

137. Je privilégie le contact direct. Je vais voir quelqu'un pour lui parler ou je lui téléphone. Je choisis de le voir ou de l'entendre. La relation est plus chaleureuse et nous nous comprenons mieux.

138. À force de faire confiance à mon intuition, ses messages deviennent de plus en plus clairs et je les capte plus rapidement.

139. J'instaure un court rituel du matin, un rituel qui me permet de commencer chaque journée dans un état d'être qui me convient : calme ou énergique, paisible ou enthousiaste, joyeux·se, confiant·e…

140. Je suis mon·ma meilleur·e ami·e, mon·ma partenaire, mon soutien, ma force. Je prends soin de moi et je m'accorde toute l'attention et l'importance que je mérite.

141. ***Terre – La terre me nourrit de ses aliments, de sa force et de son énergie. Lorsque je m'y connecte, je ressens ma solidité et ma stabilité.**

142. Je me demande quelle est l'intention, la raison profonde de ce que je fais. Je vais en chercher les racines dans mon cœur pour retrouver l'élan vital du début de cette activité.

143. Je fais un choix juste et aligné et je me sens en paix. Je suis en accord avec moi-même, avec mes valeurs.

144. J'instaure un court rituel du soir qui me permet de m'endormir sereinement. Un rituel qui tient compte de mon corps, de mon cœur et de mon esprit.

145. Je prends du temps pour mon précieux moi, je m'offre des soins qui me font du bien, des fleurs, un bon repas. Je m'offre le loisir de ne rien faire ou de profiter de la nature.

146. Je prends le pouls de mon cœur et de mon corps et je me réajuste. Mon cœur et mon corps sont mes boussoles. Si je détecte des émotions négatives et des crispations, j'agis pour les transformer en bien-être et joie de vivre.

147. Je vis à 100 %, pas à moitié, j'écarte l'idée de précaution et de prudence. Je vais au bout de mes rêves, je m'implique, je m'essaie à ce que je ne connais pas. Je suis entièrement dans ce que je fais.

148. ***Jaune – La digestion des aliments est importante, elle contribue à une bonne santé. La digestion des événements de ma vie est, elle aussi, importante. Je veille à me nourrir de ce qui me fait du bien, de belles relations et d'activités épanouissantes. Je m'éloigne de ce qui me serait indigeste.**

149. J'interroge mon futur moi : qui est-il, comment me voit-il ? Je discute avec celui·celle que je deviendrai et je reçois ses félicitations, ses encouragements, ses conseils. Il·elle me parle avec bienveillance et me montre le chemin.

150. Je savoure cette journée. Si elle peut ressembler aux autres, il n'en est rien, car elle est unique. Elle regorge de cadeaux inédits et de possibilités nouvelles.

151. Je simplifie ma vie, je l'allège de ce qui n'est plus nécessaire et de ce qui me pèse. Je reviens à l'essentiel.

152. J'ai une conversation avec mon enfant intérieur. Je lui raconte la vie que j'ai créée, les obstacles que j'ai franchis, les blessures que j'ai guéries, les buts que j'ai atteints. Il me regarde avec des étoiles dans les yeux et me dit qu'il est fier de moi.

153. J'accomplis les rêves qui m'appartiennent. Pas ceux des autres, même si je souhaite les rendre heureux. Je m'occupe de MES rêves. En les réalisant, non seulement je serai heureux·se, mais en plus, je distribuerai du bonheur au monde qui m'entoure.

154. Je ne suis plus dans l'obsession de la perfection. La perfection n'existe pas et, même lorsqu'on s'en approche, le rythme de la vie fait que cet état change rapidement. La perfection est une illusion et une perte de temps. Je prends plaisir à grandir dans l'imperfection, à évoluer sans cesse.

155. ⋆**Orange – Je m'offre un massage ou une réflexologie plantaire. J'étreins ceux et celles qui me sont cher·ères. Mon bien-être passe par le toucher. Tout mon être en a besoin.**

156. Je me baigne dans l'amour inconditionnel pour m'aimer, m'accepter, me valoriser. Je partage cet amour autour de moi et dans l'Univers. J'élève mes vibrations et je les fais circuler.

157. Je profite d'une douche pour éliminer les vieilles énergies, la fatigue et les pensées sombres. Elles s'écoulent avec l'eau et laissent place à la vitalité et à la joie.

158. Je m'investis dans mes relations. Je fais preuve de tolérance et de patience. Je leur donne de l'espace et du temps pour s'épanouir.

159. De façon visible et invisible, les merveilles de l'Univers viennent à moi. Que mes sens le remarquent ou pas : les réponses que j'attends, les intuitions, les idées et tout ce dont j'ai besoin est en chemin vers moi.

160. Je me donne un défi personnel : apprendre cinq mots d'une langue étrangère, apprendre par cœur un numéro de téléphone, mémoriser mon chemin au lieu de suivre le GPS… Je stimule mon cerveau, je le défie, je l'active. Il en gardera une rapidité de réflexion qui me servira dans tous les secteurs de ma vie.

161. ***B comme Beauté – Ma beauté unique rayonne. Elle est à la fois intérieure et extérieure, je l'exprime avec fierté.**

162. Je suis un·e guerrier·ère, je peux tout faire, tout réaliser, tout concrétiser. J'en suis convaincu·e, j'y crois de tout mon cœur.

163. Je fais confiance à mon corps pour l'heure des repas, leur composition, la quantité. Je le laisse me guider, je suis attentif·ve à ses signaux et je les respecte. Je prends soin de ma santé.

164. Je choisis la joie. Dans mes actes, mes pensées et mes paroles, je choisis ce qui me procure de la joie.

165. Lors d'un échange, j'écoute l'autre et je laisse passer un moment avant de lui répondre. Temporiser est nécessaire pour intégrer une information et décider consciemment de la meilleure réponse à donner. J'évite de me laisser emporter par mes émotions, je m'exprime lorsque je suis serein·e.

166. Je fais de la place pour l'intuition. Je m'adresse souvent à elle et je prends le temps d'écouter ce qu'elle a à me dire. Je ressens ses messages dans mon corps et mon cœur, dans une idée subite ou dans une envie nouvelle.

167. Je me libère des tensions par la respiration et la cohérence cardiaque. Je m'informe pour connaître ces techniques de relaxation et je les applique dès aujourd'hui.

168. Je discute avec un·e proche et, ensemble, nous découvrons ce qu'est la vie de l'autre, ses défis, ses buts, ses obstacles, ses joies, ses freins… Nous partageons nos vies et nous nous comprenons.

169. Je me mets en pause. J'arrête tout. Je ne fais plus rien. Je me pose le temps dont j'ai besoin. Je reste dans le silence, sans bouger. J'en ai besoin. Si j'ai envie de dormir, je ne résiste pas.

170. Je fais la liste positive des « je suis ». Dire « je suis » est puissant, cela remue au fond de soi, cela transforme. J'écris « je suis… » en m'autorisant à décrire la personne merveilleuse que je suis.

171. J'explique mon mode d'emploi à quelqu'un qui ne me comprend pas. Les malentendus peuvent se produire parce que l'on n'a pas la même culture, le même langage verbal ou non verbal. J'explique qui je suis afin d'approfondir un lien avec une personne qui compte pour moi.

172. ***P comme Participer – Je suis le maillon d'une chaîne, je participe au bien-être du monde.**

173. Je tourne mes pensées négatives en pensées positives. Chaque fois qu'une pensée négative surgit, je la modifie. Cela influencera mes paroles et mes actes qui, eux aussi, seront positifs.

174. Je chante. Tout·e seul·e ou avec d'autres, je chante. La musique m'emporte et ma voix se déploie. Peu importe que cela soit juste ou faux, chanter me libère et me fait du bien.

175. Je mets une intention dans tout ce que je fais. Je sors des automatismes pour vivre une vie intentionnelle.

176. J'écoute mon intuition lorsqu'elle me souffle de contacter quelqu'un. J'ai un message à donner ou à recevoir. Je suis le·la messager·ère, le lien, le·la médiateur·rice.

177. À chaque instant, je suis exactement là où je suis censé·e être. Je suis au bon endroit, au bon moment.

178. **⋆C comme Confiance – J'ai confiance en moi. J'ai entièrement confiance en moi.**

179. J'aide, je suis au service, je donne. Le cœur ouvert et les mains tendues, j'offre ma présence, mes capacités et mon sourire. Je me rends disponible.

180. Je transforme mes « contre » en « pour ». Je ne lutte pas « contre » quelque chose, je me bats « pour » quelque chose. Mes choix sont des choix « pour ». Je suis dans une énergie de construction et d'ouverture.

181. Je suis mon propre porte-bonheur. Je n'ai pas besoin de trèfle à quatre feuilles ni de gri-gri, j'ai confiance en mes capacités et en mes ressources. Je suis l'assurance de mon bonheur.

182. Je me libère du besoin d'être aimé·e. L'amour que j'éprouve pour moi me déleste du besoin d'être apprécié·e, validé·e, reconnu·e. Je n'agis pas dans le but de recevoir de l'amour mais parce que c'est important pour moi.

183. Je me libère de mes petites voix intérieures qui me soufflent de faire plaisir aux autres, de passer après eux, de me taire, de me conformer à ce que l'on attend de moi. Je reprends le pouvoir, je retrouve l'estime de ma propre personne, je me respecte.

184. Dans le silence, immobile, je reprends contact avec moi-même. Je sens la vie dans mon cœur. Mon souffle et les battements de mon cœur s'apaisent, mes pensées s'envolent comme des bulles de savon. Je me détends et me ressource dans la vacuité.

185. **★ T comme Totalité – Je suis entièrement dans ce que j'accomplis, maintenant.**

186. J'accepte et j'aime ce qui est, ce n'est pas de la passivité mais le point de départ d'une action sage. Lutter contre « ce qui est » est vain. Mon pouvoir est dans la décision de ce que je pense et fais à partir de ce qui est. J'aime ce qui est, parce que je ne peux le changer. Si je veux vivre autre chose, je fais ce qu'il faut.

187. Je fais ce que j'aime et j'aime ce que je fais. Mon bonheur rayonne de l'intérieur et transforme le monde autour de moi.

188. Je purifie mon lieu de vie. J'ouvre les fenêtres et laisse entrer l'air frais. Je brûle de l'encens ou de la sauge. Je nettoie, range, trie, élimine les vieilles énergies et ce dont je n'ai plus besoin ou envie. Je crée de l'espace et une atmosphère neuve et fraîche.

189. Je m'isole. Je prends de la distance. Je trouve un endroit dans lequel je me sens bien et je m'y repose. Si cela n'est pas possible, je crée cet endroit en moi et je m'y visualise. Je sens le bien-être m'envahir.

190. Je me photographie et j'aime la personne que je vois. Je me regarde sur les photos et je découvre la personne merveilleuse que je suis. Je suis unique, je rayonne à ma manière. Je suis émerveillé·e.

191. Je me connecte à la lune et à l'infini. Je me sens tout·e petit·e face à l'immensité. Je fais partie d'un univers extraordinaire, d'une beauté et d'une complexité à couper le souffle.

192. J'ose dire non aux autres pour me dire oui à moi. Je ne réponds pas à un appel lorsque je n'ai pas le temps ou l'envie d'y répondre. Je refuse une invitation quand j'ai envie d'être seul·e ou que je suis occupé·e à quelque chose qui compte pour moi. Je pose mes limites pour me donner de l'espace et du temps.

193. *H comme Humour – J'aime rire. Cela me fait du bien et crée des liens.

194. Je partage. Sans rien attendre en retour, je partage mon temps, ma joie, mes connaissances, mes idées, mon repas... Mes partages alimentent le bonheur d'être ensemble.

195. J'élève mes vibrations. Lorsque je pratique la méditation, le chant, le yoga, un art, le contact avec la nature, une période de jeûne, la gratitude ou la respiration consciente, mes vibrations changent. Je me sens plus fort·e, rayonnant·e. Mon énergie est plus puissante et lumineuse.

196. Je m'émerveille. Mes cinq sens sont activés et je suis ébloui·e par les chants des oiseaux, la musique, le parfum des fleurs, les mots d'amour, la chaleur d'un plaid, la douceur d'un chat, le soleil qui se lève, un regard complice, la délicate saveur sucrée d'une poire… Mon cœur déborde de reconnaissance.

197. ⋆**Bois – Il y a en moi un élan vital qui me pousse à grandir, à apprendre, à atteindre mes propres sommets. Je suis l'arbre qui, nourri par ses racines, s'élance vers le ciel. Je suis en constante évolution.**

198. Je me sens en sécurité. Où que j'aille, quel que soit l'endroit où je me trouve, je me sens en sécurité parce que je sais que la sécurité se trouve en moi. Je suis mon propre refuge.

199. Je crée un avenir qui me ressemble. Je choisis un futur dans lequel je me sentirai comme un poisson dans l'eau. Je serai à ma place, je vivrai selon mes valeurs. Dès aujourd'hui, je fais un pas dans cette direction.

200. Je suis prêt·e à accueillir l'amour et la joie. J'ouvre mon cœur. J'accueille et je me laisse guider.

201. Le bonheur commence par moi. Me sentir heureux·se est le point de départ du bonheur que je peux vivre dans n'importe quelle circonstance de ma vie.

202. La joie se répand en moi à chaque battement de mon cœur. Elle remplit chacune de mes cellules et se diffuse autour de moi.

203. Je m'ouvre à la vie avec confiance. La vie est une merveilleuse aventure et je suis heureux·se d'être sur Terre. Je sais que des milliers de cadeaux m'attendent.

204. Je laisse l'amour inonder mon esprit, mon corps et tout ce que je vis. L'amour est ma force, ma lumière, mon guide. Il sublime mes relations et embellit ma vie.

205. Je choisis ma météo intérieure. Je choisis mes pensées et mes émotions. Je décide consciemment de ce qui mérite mon attention et de la manière dont je veux me sentir.

206. J'utilise le pouvoir des couleurs et des parfums pour me sentir bien. Un peu de bleu, un peu de vert, une touche de jasmin et de lilas… un pull marron et l'arôme d'un chocolat chaud… je mets dans ma vie les couleurs et les parfums que j'aime.

207. Je découvre un don enfoui. De mon enfance, je rapporte un talent que j'avais oublié et je le développe.

208. J'avance un pas à la fois. Je ne me précipite pas. Comme la tortue de la fable, j'avance sans me presser et je sais que j'arriverai au but. C'est de cette manière que je réaliserai ce qui me tient à cœur.

209. **⋆Cœur – Mon cher cœur, tu es le centre de ma vie. Tu guides mes pas, mes paroles et mes actes. Tu me donnes force et confiance et, lorsque j'envoie autour de moi l'amour que tu contiens, le monde en est transformé.**

210. Je choisis une affirmation positive et je l'incarne. Une affirmation est une courte phrase puissante. Je la répète très souvent, elle s'imprime en moi petit à petit et devient une partie de moi.

211. Mes choix créent ma réalité. C'est tout ce que j'ai choisi jusqu'ici qui a créé ma vie actuelle. À chaque instant, je choisis. Je prends conscience de mes choix et je décide lesquels faire pour vivre ce dont j'ai envie.

212. Je me respecte. Lorsque je suis fatigué·e, je me repose. Quand j'ai faim, je mange. Quand j'ai besoin de réconfort, j'appelle un·e ami·e. Quand je suis dérangé·e par quelqu'un, je m'en éloigne… Je m'occupe de mon bien-être et je respecte mes besoins.

213. Je communique mes désirs avec bienveillance. Je n'attends pas que les autres devinent ce dont j'ai envie. J'exprime ce qui me ferait plaisir et je laisse les autres réagir comme ils le veulent.

214. Je n'essaie plus de changer ce qui ne peut pas l'être. J'accepte que sur certaines choses je n'ai pas le pouvoir nécessaire et je reste alors paisible et confiant·e. Je ne me tracasse plus pour cela.

215. ***Marron – Je suis lié·e à la sagesse universelle. Je suis une partie d'un monde riche et extraordinaire. Pour m'y sentir bien, je pose mes limites, je me respecte et je me fais respecter.**

216. Je suis libre ! Libre de faire mes choix et libre aussi de changer d'avis si j'estime que cela est juste pour moi. J'ai toujours le choix de changer de chemin, d'idée, d'envie, lorsque c'est important pour moi.

217. Je trouve 1 001 raisons de me réjouir, ma vie est comblée de moments merveilleux, petits et grands.

218. J'ai un impact sur les autres et sur le monde. Un de mes mots, un de mes actes peut changer le cours de la vie de quelqu'un. Un de mes sourires peut illuminer, un de mes gestes peut rassurer, un de mes rires peut détendre. J'ai une place importante dans le monde.

219. Je suis le·la scénariste de ma vie. Je choisis le film dans lequel je vis. Je décide du décor, de l'histoire, des rencontres importantes, des défis, des objectifs… Je choisis la manière dont je réagirai face aux obstacles et les talents que je vais développer. Chaque jour, j'écris une page de mon scénario.

220. ***J comme Joie – Je vis pleinement tout ce qui me procure de la joie.**

221. Ma vie intérieure se reflète à l'extérieur. L'énergie que je porte en moi se transmet autour de moi et colore mon univers. Lorsque je veux changer ce que je vis, je transforme mon énergie intérieure.

222. Je me demande comment je pourrais embellir le monde. Je me redécouvre, je mets en lumière ce que je peux apporter au monde. Je prends conscience de ce que j'ai à donner et partager.

223. Les clés de ma transformation se trouvent à l'intérieur de moi. Tout comme la chenille sait comment devenir un papillon, j'ai en moi le mode d'emploi pour grandir, me transformer, devenir qui je veux être. Ces clés me sont transmises par mon intuition et par mon cœur.

224. Je m'aligne avec ce qui est juste pour moi, je m'aligne avec la vibration la plus haute. Je choisis de vivre, ressentir et partager de belles énergies.

225. Je me laisse traverser par le flux de la vie et je laisse s'exprimer son énergie librement à travers moi. Je me sens porté·e et je fais confiance. Tout ne m'est pas connu et je ne peux pas tout prévoir. Je sais que ce que je devrai savoir me sera présenté et que plus je suis le flux de la vie, plus vite et facilement j'atteins mes destinations.

226. Je prends quelques instants pour m'allonger, fermer les yeux et me détendre. Par ma volonté, je détends mon corps des pieds à la tête, lentement. Je respire profondément, sans forcer. Je sens tout mon être se relaxer.

227. J'ouvre mon cœur et je sens sa chaleur et sa lumière se déployer en moi et autour de moi. Je fais régulièrement ce rituel d'ouverture du cœur et je constate que ma vie se transforme pour mon plus grand bonheur.

228. J'ouvre un à un mes chakras et j'en ressens la puissance et le bien-être. Je me concentre sur chaque centre d'énergie, je l'imagine s'ouvrir comme on ouvre les volets d'une fenêtre, irradier sa lumière et son énergie dans mon corps et autour de moi.

229. J'accueille les intuitions qui me guident pour que je fasse des pas dans la meilleure direction. Des énergies d'amour et de lumière m'accompagnent.

230. Pour me ressourcer, je me connecte à un endroit qui me fait rêver. C'est mon lieu secret, paisible et énergisant. L'aller-retour est rapide, je peux le faire autant de fois que j'en ai envie et y rester autant de temps que je le désire. Là-bas, une minute a la saveur d'une éternité.

231. ⋆**Rose – Je prends l'habitude de noter mes rêves ou les bribes de rêve dont je me souviens. Ils contiennent des pistes de compréhension. Plus j'en tiens compte, plus mes rêves deviennent clairs et font partie de mon évolution.**

232. Ouverture du cœur, activation de chaque chakra, déclenchement de l'état d'accueil de ce qu'offrira la journée, étirement et respiration profonde, diffusion de confiance en moi et en la vie, sourire… je suis prêt·e pour ma vie.

233. Les messages de mes guides trouvent toujours le chemin pour me rencontrer. Parfois, ils choisissent des voies un peu particulières. Je suis attentif·ve, il se pourrait bien que des messages arrivent vers moi.

234. **★X comme Xtraordinaire – La magie de la vie enthousiasme mon cœur.**

235. Je prends l'habitude de lâcher prise et de faire confiance. Je note sur un papier les mots « lâcher-prise » et « confiance » et je l'emporte partout avec moi pour me les rappeler régulièrement. Au fur et à mesure, cela deviendra automatique.

236. Je rehausse la valeur du plaisir dans ma vie. Je détecte les situations lourdes et pesantes et je m'en éloigne ou je les transforme. Le plaisir prend de plus en plus de place et cela me fait beaucoup de bien.

237. Lorsque je suis rempli·e d'amour, la peur n'a plus de place pour s'installer. Les deux ne peuvent cohabiter. J'opte donc pour l'amour en tout temps et j'empêche ainsi la peur de s'insérer dans ma vie.

238. Je suis parfait·e tel·le que je suis, en chemin, en processus, en transformation constante. Je suis « assez », je suis un merveilleux être humain.

239. J'accepte avec joie que certaines choses prennent du temps. Je patiente sereinement. Tout comme les graines mettent du temps à germer et sortir de terre, certains événements de ma vie mettent du temps à mûrir.

240. Je déballe chaque jour comme un cadeau unique qui contient des milliers de surprises. Pas besoin d'une fête ni d'une occasion spéciale, je me réjouis de découvrir ce que m'offre chaque nouvelle journée.

241. Je trouve le moyen de me ressourcer et de me remplir d'énergie quand j'en ai besoin et envie. Je choisis ce qui me fait le plus de bien : nourriture, eau, nature, repos… je me fais confiance pour choisir.

242. Les bonnes portes s'ouvrent pour moi. Les bons chemins se dessinent devant moi au fur et à mesure.

243. Je me dis toujours que tout va bien se passer et j'imagine toutes les issues heureuses d'un événement. De cette manière, je crée des situations favorables pour moi.

244. ⋆**U comme Union – Je crée et vis de belles amitiés et des relations d'amour merveilleuses.**

245. Je prends la responsabilité de mes actes et de mes choix. Personne d'autre que moi n'est responsable de ce que je vis et de la manière dont je le vis.

246. Je tombe amoureux·se de la vie à chaque instant, pour une infinité de raisons.

247. ***Violet – Je prends soin de ma vue en lui offrant une pause : je ferme mes yeux. Je me concentre sur mes autres sens, je perçois mieux les sons et les bruits, je relève des notes de parfum, je ressens un courant d'air sur ma peau. Je rouvre mes yeux et remercie l'Univers pour ma vue.**

248. Je choisis des activités et des relations qui me remplissent d'une énergie de joie. J'utilise mes émotions comme baromètre pour savoir si mes choix sont les meilleurs pour moi.

249. Je choisis de quoi je me nourris, que ce soit de la nourriture, des pensées, des relations ou de l'énergie des endroits que je fréquente. Lorsque je consomme quelque chose, je me demande si c'est vraiment de cela que je veux me nourrir, que je veux donner à mon corps ou à mon cœur.

250. Je sens en moi brûler avec douceur et force la flamme de la vie, de l'amour et de la joie. Je la sens me réchauffer et m'emporter dans la vie que je veux vivre.

251. Je me plonge dans l'énergie toute puissante de la saison, je me recharge au contact de la nature.

252. Je suis le·la bienvenu·e, il y a de la place pour moi. Lorsque je vais quelque part ou lorsque je rencontre quelqu'un, je me sens accueilli·e. Je compte.

253. Je pose mes mains sur mon cœur et je respire. Mon corps se détend, je suis calme et apaisé·e.

254. ⋆Vert – Je sème, cultive, entretiens des plantes ou un jardin. Je retrouve les gestes simples du jardinage, le rythme des saisons, le cycle de l'eau. Je me sens faire partie de la planète.

255. Je secoue la routine pour débloquer mon énergie. Je change mes habitudes, je crée une nouvelle dynamique. Cela augmente ma vitalité, la vie me semble plus facile, plus légère.

256. J'agis même si je ne me sens pas parfaitement prêt·e. Si j'attends d'être prêt·e, je ne ferai rien. C'est agir qui me rendra prêt·e à vivre ce que je souhaite. C'est chaque pas qui me donnera la force, l'assurance et la certitude que je suis capable de tout réaliser.

257. J'élargis ma zone de confort. J'introduis petit à petit de nouvelles actions, de nouvelles rencontres, de nouvelles expériences. Cela se fait fluidement, je suis toujours en sécurité. Je ne quitte pas ma zone de confort, je l'agrandis.

258. Je suis gourmand·e de bonheur, d'amour, de tendresse, d'amitié. Je savoure chaque instant de joie, chaque sourire, chaque coin de ciel bleu. Je déguste avec un plaisir infini la richesse de la vie.

259. Je m'ancre dans la terre, je me ressource d'air pur, je me détends dans l'eau fraîche et je ravive ma flamme intérieure à la lueur du feu. Les éléments me nourrissent et contribuent à mon bien-être.

260. Je mérite d'être respecté·e, de recevoir de l'amour, de la compassion et de l'attention. Je mérite que l'on ait envie de passer du temps avec moi. Je mérite que l'on m'aime.

261. Je célèbre mon originalité, ma différence, la vibration unique de mon âme. Je célèbre ce qui me rend unique et ma contribution au monde à nulle autre pareille.

262. ⋆ **F comme Foi – Je crois en moi. J'ai une foi totale en mes capacités.**

263. Je me sens légitime. J'ai les compétences, les qualités et le savoir-faire nécessaires pour exercer l'activité de mon choix. Je suis à la hauteur. Je suis fier·ère d'être moi. Je m'exprime et j'agis avec assurance.

264. Je pose une intention de tout mon cœur et je laisse la magie opérer. Une intention est puissante. Elle dépasse le vœu ou le souhait. Elle porte en elle la mise en action, la décision, le choix. Son énergie ouvre la porte de sa réalisation.

265. Je distribue de l'humour, des sourires et des rires partout où je vais. Ils font fondre les cœurs de plaisir et me rapprochent des autres.

266. Je vis chaque seconde de cette journée avec de la magie dans les yeux et le cœur. Tout est un cadeau qui m'est offert par l'Univers. Je m'amuse et partage cette joie autour de moi.

267. Je vois les obstacles comme des occasions de me transformer et de grandir. J'accepte mes émotions lorsque j'y fais face tout en sachant qu'ils sont des cadeaux qui me serviront pour la suite de mon existence.

268. Ma vie est passionnante, plus extraordinaire qu'un film à succès. Je prends conscience de toutes les belles rencontres que j'ai vécues, de toutes les expériences extraordinaires qui me sont arrivées, de l'abondance de beauté et de richesse de ma planète et du fait que je suis le·la créateur·rice de ma vie.

269. Je regarde la peur en face, je la reconnais et je la cerne. Sous mon regard, elle recule et s'évapore, sentant ma force et mon courage. Je ne laisse pas la peur guider ma vie.

270. J'ose briller, je reconnais que je suis une personne intéressante, que j'ai de la valeur. J'accueille les compliments avec le sourire.

271. J'ose me montrer vulnérable. Je ne risque rien, au contraire, je vais créer des relations plus vraies et profondes.

272. ⋆**Z comme Zen – Quoi qu'il se passe, je suis connecté·e à ma paix intérieure.**

273. Je sais reconnaître les moments où j'ai besoin de soutien, d'un accompagnement et de conseils. J'accepte que quelqu'un soit là pour moi. Je me laisse aider.

274. Je fais la paix avec mes saboteurs intérieurs. Ils sont là mais ils ne dirigent plus ma vie. Je les connais ; ces idées et croyances qui essaient de diriger ma vie, de me faire agir et réagir d'une certaine manière, mais je ne leur laisse pas de pouvoir.

275. Je crée un équilibre entre activité et repos. Je suis attentif·ve à mes besoins physiques et mentaux et je crée une harmonie dans ma journée pour garder ma vitalité.

276. Je sème les graines de ce que je souhaite, je fais des vœux, j'écris mes rêves. Je ne me mets aucune limite.

277. Je laisse vivre mon âme d'enfant. Je joue, je m'amuse, je vis au présent, je m'émerveille du vol d'un oiseau, je suis la trace d'une fourmi, je dessine, je fais des blagues… Ces moments sont précieux, ils ponctuent ma vie de joie, de légèreté et de magie.

278. Bien ancré·e dans le sol, que ce soit de l'herbe ou un autre endroit naturel, je demande à la terre de procéder à un grand nettoyage en moi et de me charger d'une énergie nouvelle, légère et lumineuse.

279. Je vois grand, j'explore le monde au-delà des limitations, je vois plus loin que ce qui me semblait possible. Je ne suis pas sur un sentier bordé de barrières. Il y a des sentiers partout, de toutes sortes, dans toutes les directions. Je m'ouvre à la possibilité de leur existence et je m'aventure.

280. Je prends une décision, une décision pour moi. Décider est une force puissante qui m'ouvre toutes les portes.

281. Quelque chose de merveilleux est sur le point de se produire dans ma vie. Je le ressens dans toutes les fibres de mon être.

282. ⋆ **Air – Mon esprit est en ébullition. Mes idées sont nombreuses et innovantes. Je les partage avec les autres.**

283. Je fais confiance : le timing de la manifestation de mes rêves est parfait. Si un rêve ne se réalise pas tout de suite, c'est parce que je dois vivre certaines choses pour être prêt·e à ce qu'il se manifeste.

284. Tout répond à mes vibrations. J'attire ce qui leur correspond. Ce que j'émets me revient. Dès lors, je veille à ce qu'elles soient celles que je souhaite en retour.

285. Je suis prêt·e pour la plus belle période de ma vie. Je suis prêt·e pour l'amour, la joie, les belles surprises, les apprentissages qui me feront grandir, les découvertes passionnantes. Oui, je suis prêt·e.

286. ⋆ **G comme Guérir – Je reprogramme mes cellules afin qu'elles soient en bonne santé.**

287. Je prends un moment pour respirer profondément et me connecter à la vie, à l'Univers, à mon âme. J'inspire l'énergie de vie. Je fais le calme en moi et je ressens que je suis une partie de l'Univers. Je me connecte à mon âme et je l'écoute. Elle me confie ses désirs et sa foi en moi.

288. J'autorise le flux de l'abondance à couler dans ma vie, je m'autorise à recevoir ce qui est bon pour moi et plus encore. Je m'ouvre à toute la richesse qui vient vers moi, que ce soit la richesse matérielle, les magnifiques rencontres, les opportunités, les cadeaux… je reçois avec plaisir et gratitude.

289. Quoi qu'il se passe, je continue à croire en moi et en la beauté de l'Univers. La vie n'est pas ce qui arrive « à moi », mais ce qui arrive « pour moi ».

290. Je remarque les signes que l'Univers m'envoie et je me sens accompagné·e. Un nuage, une plume, une chanson… je suis attentif·ve aux signes et j'en vois de plus en plus. Je fais des liens entre les signes et ce que je vis.

291. **⋆N comme Nid – J'ai besoin de m'éloigner de l'effervescence de la vie, de me replier dans mon refuge. Les expériences que je viens de vivre m'ont non seulement fatigué·e, elles méritent aussi que je les intègre.**

292. C'est dans le moment présent que se trouve la puissance de manifestation de ce que je désire. Le passé et le futur ne sont que des notions, je ne les vis plus ou pas encore. Je suis uniquement au présent et c'est maintenant que je sème les graines de ce que je souhaite vivre.

293. C'est en observant mes émotions que je connais mes pensées. Lorsque je change mes pensées, mes émotions changent, elles aussi. Je sais que j'ai le choix de ne subir ni mes pensées ni mes émotions.

294. Je développe ma curiosité. Je m'intéresse à des sujets nouveaux, j'approfondis ceux que je connais déjà. Je lis, j'écoute, j'observe. Ma curiosité me guide.

295. Je fais un petit pas aujourd'hui en direction de mes rêves et de mes objectifs. Je choisis le plus petit, le plus rapide, le plus facile. Si minuscule soit-il, ce pas me remplira de fierté et renforcera ma certitude que je peux atteindre ce que je veux.

296. Je concocte une surprise pour un·e ami·e. Un repas, une balade, un massage, une fête… Je me réjouis déjà de son bonheur.

297. Je suis en rendez-vous amoureux permanent avec mon cœur.

298. Je vais de victoire en victoire, toutes mes expériences contiennent un cadeau.

299. Je crée des relations fructueuses et j'échange une belle énergie avec les personnes qui m'entourent.

300. Je remplace la compétition par la collaboration. Il y a de la place pour tous·tes. Chacun·e a sa propre richesse à partager. Nul besoin de se combattre ; s'allier est le meilleur choix pour que chacun·e grandisse encore plus que lorsqu'il·elle avance seul·e.

301. Nous avons tous·tes notre place sur Terre. Je découvre et j'enrichis ma place avec bonheur et je découvre avec émerveillement la place de ceux·celles qui m'entourent.

302. Je me déleste de tous les poids que je porte, qu'ils viennent du passé ou de mes pensées actuelles et je me sens libre, léger·ère et joyeux·se.

303. Je profite d'une marche lente, je me plonge dans cette énergie tendre et douce qui me ressource et me régénère.

304. Je fais face avec courage et détermination pour obtenir ce à quoi j'ai droit.

305. Je reste calme et serein·e dans les moments de stress et de tension. Ma paix intérieure est solide.

306. Ce que je vis me prépare à ce qui arrive dans mon existence. Je me sens calme et paisible. Tout s'organise parfaitement. Même si je ne vois pas exactement comment les pièces du puzzle de ma vie s'imbriquent, je sais qu'elles se mettent en place au bon moment et dans le meilleur ordre.

307. **⋆Esprit – Mon cher esprit, tu es un chaudron de créativité. Tu transformes mes idées en projets et tu me donnes tous les détails pour les réaliser. J'utilise et je développe ma créativité. Je me nourris de l'art des autres pour m'inspirer et je me connecte avec mon imagination. J'invente et je crée dans le plaisir.**

308. Je suis prêt·e pour le chapitre suivant de ma vie. Je suis prêt·e pour les changements, pour la nouveauté. Je le ressens dans tout mon être.

309. Mes émotions colorent le voyage qu'est ma vie. Je me découvre et m'enrichis à travers elles. Tout en sachant que je suis plus que mes émotions et en ne m'identifiant pas à elles, j'accueille ce qu'elles me permettent de vivre et ressentir.

310. Je fais confiance au timing de l'Univers, j'ai confiance en moi et je me sens en sécurité.

311. J'aime les mystères de la vie, j'explore l'inconnu avec enthousiasme. Je suis un·e détective de la vie.

312. ⋆**Bleu – Je me plonge dans le bleu du ciel ou de la mer et je me sens apaisé·e. Je me laisse envoûter par la course des nuages ou la houle des vagues. Je sens mon corps relâcher les tensions et mes pensées ralentir. Je me sens délicieusement tranquille.**

313. Je donne à mon corps de la musique pour vibrer et pour danser. Je laisse son temps guider mes mouvements et mes émotions. Elle s'infiltre et éclaire toutes mes cellules. Elle apaise mon esprit et réjouit mon cœur.

314. Je me donne la permission d'explorer d'autres aspects de la vie. J'ose expérimenter ce qui me fait envie et me fait peur à la fois.

315. Je joue avec mes limites, soit je les dépasse, soit je trouve d'autres chemins et d'autres moyens pour vivre et réaliser ce que je souhaite.

316. Je me félicite d'avoir eu la force, le courage et la confiance de faire certains pas compliqués et d'en être arrivé·e là où je suis aujourd'hui.

317. Je regarde en arrière et je remarque les synchronicités que j'ai vécues. Je reviens alors au présent et je m'attends aux suivantes avec une excitation et une impatience joyeuses.

318. Je chéris chaque instant. Seul le présent existe. Je respire, je ressens, j'aime, maintenant. C'est la qualité de ce que je vis au présent qui crée ce que je vivrai ensuite.

319. Je ne force pas, je ne résiste pas. Je lâche prise et me laisse porter avec confiance par le flux de la vie. Je sais que tout ira bien.

320. Lorsque je souffre, je sais que j'ai le choix d'ancrer cette douleur dans mon corps, mon esprit et mon cœur et de la vivre encore et encore, ou de la laisser me traverser. Je choisis ce qui est bon pour moi.

321. J'apprends constamment de nouvelles choses. La vie est une passionnante école qui fait grandir chaque jour ma lumière intérieure.

322. ⋆**O comme Oser – Je fais preuve d'audace, je me dépasse.**

323. Je reviens toujours à moi, je reviens dans mon cœur. Ma vie est fluide et remplie de joie lorsque je suis aligné·e avec qui je suis.

324. Aujourd'hui, je profite simplement de ma vie, de tout ce qui compose mon univers. Je m'amuse, je savoure, déguste et cueille ce qui me plaît. C'est simple et joyeux.

325. Je choisis des conditions dans lesquelles je parle des projets qui me sont chers. J'en parle à qui je veux, quand je veux, comme je veux. Mes projets sont importants. J'en prends soin.

326. Je guéris et transforme les limitations, les peurs et les blessures qui ne me servent plus. J'en suis capable parce que je le décide.

327. Lorsque je choisis mes pensées et que je change celles qui me font mal ou me font peur, je peux tout créer, résoudre et améliorer.

328. **★ Noir – Je me sens perdu·e, mais je sais que de cette étape sombre je renaîtrai avec plus de sagesse et que mes capacités seront plus grandes.**

329. Tout en sachant que ma valeur ne se calcule pas à mes possessions, je m'autorise à acquérir ce qui me fait envie. Cela fait partie des plaisirs de la vie.

330. Je suis plus que ce que les gens perçoivent de moi : mon apparence, mon statut, mes possessions, mes connaissances. Je suis, nous sommes tous·tes, tellement plus.

331. Je m'exprime sans me juger ou éprouver de la gêne. Je suis bienveillant·e avec moi-même. Les mots que j'utilise lorsque je parle de moi sont positifs et aimants.

332. Ma paix intérieure est une priorité. Je trouve toujours le moyen de me connecter à mon centre paisible. Il me suffit d'un bref instant pour y arriver.

333. Je ne m'accroche pas à ce qui s'en va parce que je sais que tout change, tout se transforme continuellement. J'ouvre les mains, j'accueille et je laisse partir. Je suis en sûreté dans le changement.

334. Je fais des compliments aux autres. Je remarque les réussites de mes proches et je les en félicite.

335. Ce qui me dérange et m'irrite chez mes proches fait écho à quelque chose en moi. Une fois cette chose guérie ou transformée, l'irritation cessera.

336. Lorsqu'un événement de ma vie se range dans mon passé, il n'a plus le pouvoir d'envahir le présent et de le perturber. Pour qu'il n'ait plus d'impact sur ma vie actuelle, je m'en libère par l'écriture ou en parlant à quelqu'un.

337. ⋆ **Y comme Yoga – J'assouplis mon corps, mes réactions, mon caractère. Je suis plus flexible.**

338. J'écoute ou je lis les paroles d'un guide, d'un mentor, de quelqu'un qui est un exemple pour moi et qui m'insuffle l'envie de me dépasser.

339. Quand je vis une épreuve, je sonde mes pensées et essaie de comprendre comment elles ont pu créer ce moment ou le rendre si douloureux. Une fois conscient·e de mes pensées, j'en choisis de nouvelles et traverse l'épreuve avec plus de force.

340. J'aime les défis parce qu'ils me font grandir. Que je les accepte ou que je choisisse de les refuser, ils me ramènent à moi, à mon pouvoir de choisir et à ma faculté de décider ce qui est bon pour moi. De toutes les façons, ils me font grandir.

341. Je ne cherche pas à entrer dans la norme. Ma différence est ma normalité, je l'accepte, je l'aime et je la respecte. Je m'aime tel·le que je suis.

342. Je suis flexible et j'accepte que j'aie encore beaucoup à apprendre parce que je sais que je ne connais pas tout, que je suis un être en devenir. Cela me réjouit.

343. Je fais le tri dans ce que je crois et je choisis des croyances qui me portent et m'élèvent. Ce que je crois est ce que je vivrai de plus en plus.

344. Je mérite d'être traité·e avec respect et amour. Je mérite de me traiter avec respect et amour. Plus je me respecte, plus les autres me respecteront.

345. Chaque fin est un départ. J'en ai conscience et je m'en réjouis. J'accepte ce qui se termine et je m'ouvre à ce qui arrive.

346. Il n'est jamais trop tard pour accomplir ce dont je rêve, jamais trop tard pour être la personne que je désire être.

347. **★Yin – Avec des gestes tendres et doux, j'accueille ce qui se présente dans ma vie. J'apprécie la routine et un rythme lent. Je suis attentif·ve à mes émotions et je parle peu.**

348. Un échec n'est pas le constat que je suis incapable, c'est une opportunité de prouver ma détermination et ma foi en ce que j'ai décidé d'entreprendre.

349. Je ressens une confiance infaillible. Je sais que tout ira bien, que j'ai toutes les ressources et l'aide dont j'ai besoin.

350. Je remplace mes affirmations négatives par des affirmations positives. « Je ne sais pas » devient « j'essaie », « je ne suis pas capable » devient « j'y arrive lorsque j'y crois ».

351. Mes mots ont une vibration et je les choisis avec précaution. Je ressens aussi l'énergie dans les mots de ceux·celles qui s'adressent à moi. Notre communication va au-delà des mots.

352. Je n'attends pas que les conditions extérieures soient parfaites lorsque je veux faire quelque chose. Tout dépend de moi, les circonstances, elles, importent peu.

353. Je collabore pour atteindre un but. Ensemble, nous avons plus d'idées, plus d'énergie et nous nous motivons. Nous partagerons notre réussite et cela sera une belle fête.

354. J'accueille mes nouvelles idées et mes nouvelles inspirations et je me donne le droit et les moyens de les mettre en pratique.

355. Je fais la paix avec moi-même. J'aime tout ce que je suis, sur tous les plans. J'aime mon corps, ma voix, mon esprit, mes émotions, mon parcours. Tout en moi m'inspire de l'amour.

356. Je me connecte avec mon cœur pour savoir si la situation que je vis est juste pour moi et, si ce n'est pas le cas, j'agis pour que cela change.

357. Ma vie est une projection de ce que j'émets, de mes pensées et émotions. Je reviens à moi et je choisis mes pensées et émotions pour créer une vie qui me convient.

358. Je fais de mon lieu de vie un endroit accueillant et chaleureux dans lequel les invités se sentent bien. Je choisis des objets, des textures, des couleurs et des sources de lumière qui insufflent le bien-être et émettent une énergie d'ouverture, de partage et de joie.

359. Je crée un lien avec un animal. Je l'observe, je lui parle, je le caresse si cela est possible. Ce lien spécial nous fera du bien à tous les deux.

360. **★ Métal – J'ai l'esprit clair et je sais rester focalisé·e sur ce qui m'importe. Je fais des choix réfléchis et je transforme les épreuves en succès.**

361. Je remplace mes pensées négatives et destructrices par de l'amour.

362. Grâce à ma respiration, je me remplis de vitalité, de force, de confiance, de liberté et de bien-être. Je me focalise sur ma respiration. Juste cela. Cela me permet d'enlever mon attention de mes pensées et de créer de l'espace pour la vie.

363. C'est ce que je pense et ce que je ressens qui détermine ma manière de voir la vie.

364. Pour changer une habitude, je répète une nouvelle habitude que je choisis jusqu'à ce qu'elle devienne automatique et fasse partie de moi.

365. ⋆**Âme – Ma chère âme, lorsque je me connecte à toi, ma perspective sur ma vie s'élargit. Je vois de plus haut tout ce que j'ai vécu et je comprends les raisons de mon voyage sur Terre.**

Composition et mise en pages
Nord Compo à Villeneuve-d'Ascq

Dialogue avec tes guides

Le livre oracle pour recevoir les messages de tes guides !

Tes guides cherchent à entrer en contact avec toi, entends-tu leur appel ?

Ce livre oracle te souffle les messages de tes guides et de ton âme. Écoute-les, tu pourras puiser dans la sagesse de leurs murmures et ainsi développer ton intuition. Quotidiennement ou lorsque tu en ressens le besoin, ces messages éclaireront ton chemin vers la paix intérieure et l'éveil spirituel.

Alors, fais-toi confiance, ouvre une page au hasard ou choisis un nombre et profite d'un dialogue avec tes guides.

Nathalie Cruchet est une auteure et graphiste passionnée. Suite à son éveil spirituel, elle décide de donner plus de sens à sa vie et crée La Lune Indigo. Grâce à ses guidances, elle encourage chaque personne à se sentir libre de s'éveiller à une meilleure version de soi-même. Vous pouvez la retrouver sur son compte Instagram @laluneindigo.

ISBN : 9782017212171

Le lotus & l'éléphant
POCHE
www.lelotusetlelephant.com